NOBODIES KOKORO

IN NOMINE PILU
(TOGHE, ESCORT, COCAINA)

LIBRO 2

LA TELA DELLE TRE SORELLE

LA TELA DELLE TRE SORELLE

I

LA TELA DELLE TRE SORELLE

> Quando guardo la Storia, vedo
> ore di libertà e secoli di servitù.
> (Joseph Joubert)

Il lavoro procede, ho fatto amicizia con un ragazzo che incontro spesso al caffè cittadella, si chiama Mauro, ha un anno in meno di me, l'ho anche incontrato nello studio dello psicologo, il dott. Tullio. É in terapia perché ha attacchi di panico e a volte ci esco assieme, anche lui è di quelli con il dogma: «Non si va contro il maresciallo»; conosce Laura, ma non le va a parlare della situazione, mi dice di lasciarla perdere, tramite lui conosco

Steve, un signore quarantenne molto sportivo che ama fare arrampicata e bike, lavora in qualità di operaio in Lediberg, una nota azienda di produzione agende e stampa, tutti spesso fanno battute su Frida e Laura e continuamente li sento dire: «Lascia perdere», mi sale la rabbia, ho tutti contro, inoltre, qualcuno, asserisce che Corry non verrà di certo a testimoniare a mio favore, dicono «Tu non sai….», non finiscono la frase. Tramite Mauro conosco anche una ragazza di nome Eli che fa la cameriera d'estate, studia psicologia, e un'altra ragazza di nome Silvia, detta Silvietta, che insegna hip hop, poi Paolo detto Paolino anche lui studente di psicologia, sono i lavoratori estivi, quasi tutti studenti, sono un gruppetto unito. Chissà perché Corry ha preso un gruppetto così unito a lavorare in questo bar d'estate, tutti si conoscono da anni, oppure è bergamo che è così, tutti si conoscono. Ci sono poi i lavoratori fissi: Marta (amica storica della Eli), Claudio detto Claudietto e Corry il titolare di fatto. Si aggiunge poi al gruppo un signore Coreano, fa il cameriere in un bar denominato Botticelli, si fa chiamare Marcello, il cognome vero è Lee, anche lui è nella combriccola dei fan del maresciallo.

Il lavoro va a rilento in questi giorni di settembre, mi sto godendo un po' di tempo con la Jo, è come una sorella minore per me, ma di fatto è più grande di me di qualche mese e a volte me lo fa notare in modo ironico, vogliono mettermela contro, al caffè cittadella oggi ci sta lavorando Silvia la vigilessa. Arriva Frida, sta tornando dalla questura, è stata chiamata, lei pensava fosse qualcosa riguardante le sue vicende con Gigi, il suo ex. Appena arriva, lei e Silvia si salutano.

Silvia (la vigilessa) «Ciao com'è andata, era qualcosa del tuo ex., gli hai detto che mi conosci, gli hai fatto il mio nome?!»

Frida «Il signore mi ha denunciato» mi indica «Ma tanto gli è andata male, sono tutti amici miei» sfoggia un sorriso di sfida e un atteggiamento arrogante. Frida è stata chiamata in questura, non lo sapevo.

Jo «Che modo di fare del cazzo» commenta il comportamento di Frida

Silvia Vigilessa «Tu l'hai denunciata?»

Annuisco

Silvia Vigilessa «Ah, io voglio starne fuori»

Non dico null'altro, vorrei ridere per il comportamento della vigilessa, faccio cenno alla Jo di non prendersela per il comportamento di Frida, pago il conto e torniamo a casa, devo pensare al lavoro.

Usa sera come tante, come sempre, davanti al computer; alla mia scrivania a perdermi nelle mie elucubrazioni mentali; a volte è noioso fare il mediatore cercando auto per i salonisti, quando per le auto non hai mai avuto interesse, tutti questi accessori da controllare, ma ci sono tre aspetti interessanti: i venditori di auto masticano poca informatica e tecnologia, quindi, questo aiuta a sopperire alla mia ignoranza in fatto di autovetture. Si guadagna abbastanza per mantenersi e almeno tre volte la settimana sono lontano dalla città di bergamo o alternativamente sto chiuso in casa. In questa città non mi sono mai ambientato, razzisti come pochi, nemmeno con le ragazze mi trovo, ti chiedono sempre, «Ma sei di bergamo?», oppure, dopo averti dato il numero di telefono, quando le chiami, ti dicono «Non posso prendere un caffè con tè perché non ti conosco», mi innervosisce questa domanda, dimostra una chiusura mentale senza eguali, sono un pesce fuor d'acqua in questa città, è per me un ambiente ostile. Loro non mi vogliono e io non mi voglio integrare, un binomio perfetto. Mi guardo attorno, la casa è sempre un delirio di disordine, mangio troppi croissant e bevo troppi cappuccini, stanotte spero di dormire, penso spesso a un modo per andarmene da questa città.

Passano un paio di settimane, solita routine, svegliato dal telefono, sempre in ritardo, devo andare Brescia, poi Desenzano del Garda e poi Castiglione delle Stiviere (MN), salgo in auto e parto. Arriva sera, altra giornata di deliri lavorativi finiti, da poco sono riuscito a fare in modo che i clienti mi paghino in anticipo le auto. Sono più tranquillo, prima staccavo l'assegno e lo coprivo dopo. Diverse banche mi hanno chiuso il conto corrente ed ho pagato cifre non indifferenti di massimo scoperto.

Una sera come altre, sono con Sam e Miri al caffè cittadella, arriva davanti al Bar una pattuglia dei Carabinieri, si ferma all'angolo di colle aperto con piazza cittadella, poi fa una retromarcia di due metri, poi avanza due metri e ripete la manovra quattro volte, alla quarta volta si ferma e abbassa il finestrino passeggero, vi è il Maresciallo su quel lato, verso il bar, Frida parla a voce molto alta «Ciaoo come stai? non ti avevo riconosciuto, come? Sì, tutto bene!» si mette a ridere, si salutano, la pattuglia dei carabinieri se ne va scomparendo nell'arco di ingresso di piazza cittadella. Frida poi si volta verso Giulia (una delle cameriere), le dice sempre con voce molto alta per farsi sentire da tutti gli avventori del bar «È venuto qui perché Marco mi ha minacciato di morte, perché Laura non usciva con lui!», poi inizia a ridere nella risata sguaiata che la contraddistingue. Mi innervosisco, poco dopo me ne vado, vedremo come andrà a finire questa storia. Deve essere dura per Frida che in Albania faceva la valletta in TV e qui è abituata ad essere servita dalle divise sporche, essere stata rifiutata, una di quelle che è convinta di averla d'oro, che posso dire? «se la senti ridere capisci perché amano che ingoi».

Fine novembre duemilasei, squilla il telefono, il numero del mittente non è memorizzato, rispondo:
M «Pronto»
Vezzo «Ciao Marco, sono il vezzo, il tuo vecchio coinquilino, tutto bene?»
M «Ciao Vezzo, sì, tutto ok, tu? Ma, perché me lo chiedi?» mi chiedo: ha cambiato numero oppure mi si è cancellato il contatto? Comunque mi fa piacere sentirlo

Vezzo «È successa una cosa strana!»
M «Cosa?»
Vezzo «È venuto qui in via Borgo Canale un poliziotto in borghese a chiedere di te»
M «Di me?»
Vezzo «Sì, c'erano Silvia e Chicca, ha fatto molte domande ed ha chiesto: "che tipo è questo Marco? È uno che fa uso di coca? è in giro con una certa Monica, spaccia anche?"»
M «Allora, sarà un amico di Frida, ho denunciato la [omissis] del Maresciallo Porcaro, hai capito? quello che ti ha diffamato sui giornali»
Vezzo «Ah, ho capito, aspetta che ti passo Silvia che ti racconta»
M «Ok»
Silvia «Ciao Marco, è venuto qui questo poliziotto... «

M «Sei sicura che fosse un poliziotto di Verona?»

Silvia «Sì, sì, era in borghese, mi ha fatto vedere il tesserino, ma Venezia, non Verona, ho visto il nome…»

M «Ok, appena riesco passo e ci si vede, Grazie»

Il Vezzo aveva subito un abuso di potere dal Maresciallo Porcaro, il quale aveva trovato nel giardinetto del condominio una o due piante di Marijuana e dei rametti a seccare in casa, queste erano piante prive di THC in quanto maschi come rivelerà la perizia del laboratorio; senza scrupoli, la caserma di città alta lo aveva diffamato a mezzo stampa, dichiarando il falso, inoltre, appare che il Maresciallo facesse queste manovre per distogliere lo sguardo da altre attività illecite che lo stesso non perseguiva. Vezzo verrà assolto con formula piena.

Con Vezzo e gli altri inquilini del condominio scopriremo mesi dopo la sua assoluzione che la sera prima del raid dei carabinieri, quando stavamo facendo un aperitivo nel palazzo tra i presenti vi era un certo Paolino, il quale tra i suoi mestieri faceva lo spacciatore; Questi tornerà quella notte per rubare la cima di una pianta del Vezzo, mentre scappava, a poche centinaia di metri, viene colto con la pianta di Marjuana in mano dai carabinieri, tra questi vi era il maresciallo Porcaro il quale dice a paolino «Paolino, fammi un nome e sparisci», questi fa il nome «Vezzo» e «Borgo Canale, 15» e sparisce con la cima della pianta. Non è un caso il comportamento avuto dal maresciallo, ci si potrebbe scrivere un libro sul perché certe divise non arrestino coloro che sanno essere spacciatori e amino prendersela con studenti, forse perché gli spacciatori sanno molto anche delle divise sporche, meglio che non aprano bocca.

Quando suggerirò al Vezzo di denunciare Porcaro, questi mi risponderà «No, il maresciallo Porcaro è pericoloso, meglio lasciarlo perdere»

Qualche giorno dopo lo incontro in Borgo Canale, ci sono anche Silvia e Chicca; l'ispettore di Venezia si è presentato lì tra il dodici e il diciotto novembre duemilasei, mi annoto tutto, spiego loro la situazione, li saluto e li ringrazio.
Appare che l'orifizio dell'Albania abbia conquistato anche la riva veneziana, vedrò gli ulteriori sviluppi

Sta per finire la primavera duemila-sette, tra poco arriva l'estate, ennesimo cappuccino al Bar
M «Ciao Corry»
Corry «Ciao Marco, come stai?»

Marco «Al solito Corry, perché?»
Corry «Stavo sentendo le ragazze per il lavoro estivo e Laura non viene, sai come va con le stagionali, una volta ci sono, l'anno dopo no»

M «Ok, vedrò come fare, magari passo alla Levi's di Oriocenter a tentare di parlarle, non mi risponde al telefono e va ancora in giro a dire che la perseguito per non testimoniare» finisco di bere il cappuccino e me ne vado.

Passano circa quindici giorni da quella notizia, non riesco a parlare con Laura in nessun modo, non risponde; né al telefono e nemmeno ai messaggi. Continuano i soliti abusi di potere dalle divise sporche, ma io devo stare concentrato sulla mia salute e sul lavoro, devo riuscire a parlare con Laura, stanno deviando l'attenzione da chi è Frida e i suoi amici, il motivo per cui Laura non torna a lavorare al caffè cittadella è dovuto a ciò che è successo l'anno scorso oltre il modo in cui è stata alterata la realtà, grazie alle amicizie di Frida.

È sera, mi sto leggendo a fatica un libro, mi prendo un po' di pausa dal computer, oramai siamo in autunno, arriva Jo, è agitata.
M «Ciao Jo, che hai?»
Jo «Adelina ha tentato il suicidio»
M «La sorella di Frida? Come? Perché?»
Jo «Lei sta con Luca, uno dei figli dei soci del Mexicali…»
M «Ok, quindi?»

Jo «Lui la vuole lasciare e a lei non va bene»

M «Non doveva andare al lavorare lì anche Leonora dopo il matrimonio?»

Jo «Sì, ma non so perché non ci è ancora andata»

M «É andata a lavorare alla Levi's di Oriocenter dove lavora Laura per convincerla a testimoniare il falso e farmi pressioni psicologiche»

Jo «No comment»

M «Comunque ti do un passaggio, ma i suoi amici? I quattro stronzi che si nascondono dietro i cespugli?»

Jo «Non lo so cosa è successo, ma se ne fregano»

M «Ok, dai prendo le chiavi e andiamo» come al solito, ogni giorno le perdo a casa da qualche parte le chiavi dell'auto

Jo «Ok»

L'ambulanza è davanti casa di Adelina e Luca, a Stezzano (BG), sta andando verso l'ospedale, non c'è altro da fare che attendere il giorno dopo, per andare a trovarla in ospedale.

L'indomani in ospedale c'è Adelina nel letto che sembra stare bene, non è chiaro come abbia tentato il suicidio, sembra per aver ingerito dei farmaci, dicono. La sorella, Leonora, è con le lacrime agli occhi, dei tre miserabili non c'è traccia, non si vede nemmeno Frida, deve essere passata prima, o passerà dopo. Non è chiaro se sia una messinscena per non farsi lasciare da uno dei figli dei soci del Mexicali, oppure, un palese caso di instabilità psicologica, si vedrà.

Manca un po' a Natale, Leonora, nota per essere una che racconta favole, passa al caffè cittadella, la scusa è fare gli auguri per le festività, io sono seduto a leggere il giornale

Leonora «Ciao Corry come va?»

Corry «Leonora, ciao come stai?»

Leonora «Sono passata a farti gli auguri di Natale»

Corry «Grazie Leonora, ma dove lavori adesso, come va con Francesco?»

Leonora «Bene, Lavoro alla Levi's di Oriocenter, dovevo andare a lavorare al Mexicali con mia sorella ma...» dopo averlo detto, si volta verso di me, mi lancia un'occhiata, poi, si volta nuovamente verso Corry e la moglie al banco del bar, continua a parlar loro «Sai che mi sono iscritta all'università?! giurisprudenza, ero iscritta anche l'anno scorso a psicologia, ho dato gli esami del primo anno, tutti eh, ma non mi piaceva, quindi mi sono iscritta a giurisprudenza» si volta e mi guarda di nuovo, io sorrido, è talmente tonta da pensare di saper manipolare gli altri, vorrei proprio vedere come ha fatto l'anno precedente a dare degli esami all'università dato che era clandestina, ma le parole hanno un messaggio nascosto: "ero iscritta a psicologia", significa che ha in pugno Laura. La quale, si è iscritta a psicologia, un ostaggio psicologico, forse intende che vuole indurla a testimoniare il falso contro di me, oppure intende minacciarmi sul fatto che potrebbero farle del male; "iscritta a giurisprudenza" significa: farà la [omissis] a giurisprudenza per accalappiarsi un povero morto di figa avvocato pronto a delinquere per

salvare il culo a lei e alle sorelle criminali, facendomi dei danni, infatti doveva andare a lavorare al Mexicali, sito in piazzale malpensata, dove lavora la sorella Adelina, questa grazie al tentato suicidio non è stata completamente scaricata da Luca, l'ex fidanzato.
Corry «Quindi lavori con Laura?»
Leonora «Sì, ma facciamo turni diversi, non la vedo mai, ora devo andare Corry»
Corry «Ciao Leonora»
Leonora «Ciao Corry, ciao anche a te!» guardandomi
M «Ciao Leonora»
Corry «Marco, avevi ragione, lavora con Laura»
M «Infatti, doveva andare a lavorare al Mexicali, ma poi… Sta facendo questa cosa per crearmi problemi, intanto

attendiamo che divorzi, il marito potrebbe essere un testimone»
Corry «Divorzio, perché dici così?»
M «Perché si è sposata solo perché era clandestina»
Corry «Ma, no, dai, perché dici questo?»
M «Perché è la verità, vado Corry, a dopo o a domani, ciao Lella»
Corry «Ciao Marco»
Lella «Ciao Marco»

A dicembre passa anche Laura al caffè cittadella, si fa notare, poi mentre va via si volta e mi dice un «Auguri anche a te», ricambio il saluto, nei giorni scorsi ho inviato una mail all'avv. Bocci Annalisa in relazione alla questione dell'Ispettore di Venezia.
Arrivate le feste natalizie, esco e mi vedo con Miri, facciamo due passi in

via Colleoni, detta la corsarola, decidiamo di entrare al bar della funicolare, saliamo per sederci ai tavoli al piano di sopra e mi ritrovo di fronte Leonora (saltuariamente Leonora lavora qui, ma non ne ero a conoscenza). Saluta Miri e cerca di chiacchierare, io mi limito al saluto, Miri scambia due chiacchiere, questa successivamente si volta verso di me «Tu, ti sei fidanzato? Hai trovato la ragazza?», molto interessata alla mia risposta.

Esclamo un «No, sono single!», la risposta non le piace, probabilmente pensa che se mi trovassi una ragazza, lascerei perdere la denuncia contro la sorella, mi chiedo cosa abbiano nella scatola cranica certe persone, sono molte che stanno ragionando come lei, capisco sempre di più perché il V è

considerato normale in questa città, e anche Fabri.
Tutti celebrano le feste natalizie, per me sono giorni come gli altri, li passo a documentarmi al computer, la psicoterapia non va bene, il tentativo di ipnosi è andato fallito, i corsi di dinamica mentale (una sorta di training autogeno) dello psicologo, il dott. Tullio, non riescono ad aiutarmi nel dormire e in nient'altro, cambierò psicologo, mi serve almeno un riscontro, una diagnosi. Capodanno arriva rapidissimo.

È il primo gennaio, meglio andare a prendere qualcosa di caldo in un bar, la Marianna è aperta, ma chi incontro mentre sto entrando nella pasticceria? Frida, con un cerchietto con le orecchie da coniglietta, la quale mi saluta in modo carino e mi fa anche gli auguri; Sono senza parole.

È il sei gennaio duemilasei, giorno della Befana, sono le due e quindici minuti di notte, arriva una chiamata con il numero privato.

[DJ fake 00:00] «Pronto, sei in diretta su Radio Dee Jay»

[M– 00:02] «Sì, ditemi»

[DJ fake 00:05] «No, volevamo farti, pronto?»

[M– 00:06] «Sì, sì vi sento, vi sento benissimo adesso. Mi sentite?»

[DJ fake 00:08] «É VIA. Aspetta che so di recuperarlo. Pronto Marco?»

Secondi di silenzio

[M 00:16] «Sì»

[DJ fake 00:18] «Sì»

[M 00:19] «No»

[DJ fake 00:20] «Dove ti trovi in questo momento, dove?»

[M 00:22] «bergamo, città alta»
[DJ fake 00:24] «Ah, sì, proprio, ma si, ma dove sei?»
[M 00:36] «Vicino alla Marianna, mi trovo in questo momento»
[DJ fake 00:38] «Dove lavori?»
[M 00:42] «In un ufficio?»
[DJ fake 00:44] «Ah, ho capito, noi ti chiamiamo. Eh, perché una persona ci ha detto di dirti una cosa?»
[M 00:50] «Speriamo che sia una cosa positiva»
[DJ fake 00:53] «Va bene? Ma vaffanculo» (è detto in lontananza e si sente la risata sguaiata di Frida)

É uno scherzo di Frida, non sanno che sto registrando la chiamata, chiamo Frida con un altro cellulare con il numero privato, appena risponde, inizio a far sentire la chiamata registrata, poi chiudo senza dire nulla, la masterizzerò su un cd e sporgerò una seconda denuncia.

Passano due giorni, solito cappuccino pomeridiano al caffè cittadella, in quel momento entra Frida con Adelina con un fare tutto gentile.

Adelina «Ciao Marco»,

M «Ciao Adelina»

Se ne vanno dopo pochi minuti dal Bar, Corry viene a sedersi al tavolo con me

Corry «Volevano parlare, sono state gentili»

M «Deve smetterla di diffamarmi, anche con (inteso assieme) Laura, il resto lo vedremo, ciao Corry, a domani»

Corry «Marco, sembravi uno che non reagisce, che lascia correre, invece…»

M «Sai come si dice: chi reca un'offesa la scrive nella polvere, chi la riceve la imprime nel marmo»

Corry «Chissà dove le trovi tutte le tue frasi…le cerchi su internet?»

M «No, su alcuni libri»

Corry «Ciao Marco» ride mentre mi saluta

M «Ciao Corry»

C'è un comportamento di Corry che non riesco a interpretare, non ha molta importanza, o credo che non ne abbia, spessissimo quando gli si sta parlando si volta e si dirige in bagno, torna dopo pochissimo tempo, la domenica quando c'è la moglie Lella, questa fa uno sguardo preoccupato ogni volta che questo accade.

II

QUESTURINI BERGAMASCHI

> Il servilismo è la prostituzione delle anime piccole, è il mercato laido e vergognoso delle coscienze che strisciano d'innanzi ai piedi dei potenti, paghi di satollarsi coi bricioli
> della loro mensa, e di rosicchiare gli ossi che cadono dal banchetto.
> (Anonimo, Il servilismo, su Il Goriziano, 1877)

È il sedici gennaio duemila-sette, sono di nuovo in questura con la registrazione della telefonata e Frida non potrà fare la vittima denunciando di essere aggredita e molestata. Sentirsi respinta è un duro colpo per una abituata a ottenere tutto allargando le gambe. Inoltre, detesta di non poter dominare gli altri e, riferendosi alle sue amicizie nello stato, soprattutto quando dice «Sono tutti amici miei», è molto arrogante e prepotente.

Chiedo dell'ispettore Nessi, sono all'interno della divisione anticrimine con la vecchia denuncia in mano, mi si affianca un poliziotto panciuto, prende per un lato il foglio che ho in mano, lo legge velocemente e bruscamente mi chiede di entrare nel suo ufficio. Non vuole dirmi il suo nome e tergiversando continua a dire che Frida è una sua amica e che queste situazioni sono «cose da asilo»: la polizia non dovrebbe essere coinvolta, e per quanto a lui noto «andavo io a rompergli i coglioni sul posto di lavoro (a Frida)». Mi dice diverse volte che «non mi sono fatto refertare», quindi è il caso che ritiri la denuncia e si vanta dicendo: «tutte le denunce redatte in questura passano sotto il mio occhio, prima di arrivare ai magistrati». Alza la cornetta, chiede al centralino di comporre il numero di Frida, questa gli risponde, è a Brescia in qualità di promoter, tenta allora, di fissare un appuntamento per farmi rimettere la querela, gli dico che non voglio ritirare nulla, riaggancia il telefono scocciato, le sue intimidazioni non hanno funzionato, insisto per poter uscire dal suo ufficio. Appena uscito trovo l'ispettore Nessi.

M «Buongiorno Ispettore Nessi, devo fare un'altra denuncia» mi riconosce, gli faccio ascoltare la chiamata; «Il suo collega non voleva farmi sporgere denuncia ed ha tentato di farmela ritirare, non mi vuole dire il nome, come si chiama?»

L'Isp. Nessi è imbarazzato. Il suo collega è l'ispettore Capo Marco Gelmini, ma Nessi non ne dice il nome e mi accompagna presso un altro ufficio. Qui c'è l'ispettore Maurizio Cester che diligentemente inizia a redigere la querela. La Jo è con me perché ha riconosciuto la voce del DJ, si chiama Fabrizio Ferrari e lavora presso radio reporter. Si è spacciato per un'altra emittente, Radio DJ.

Mentre Cester scrive la denuncia, arriva Gelmini dietro le sue spalle. Cester resta stupito e sbigottito dal comportamento del collega, il quale si mette a urlare «LA DENUNCIA COSÌ NON VA BENE, CI VUOLE NOME, COGNOME, INDIRIZZO, NUMERO DI TELEFONO E NUMERO DI CARTA DI IDENTITÀ DI CHI DENUNCI!» poi se ne va dall'ufficio.

Redatto il tutto, l'Isp. Cester mi consegna la mia copia, con la Jo esco dalla questura, all'ingresso mi ritrovo Gelmini, il quale, ha due pacchetti di sigarette in mano, ma non sta fumando, guarda a destra e a sinistra, agitato come se gli avessero denunciato una persona intima. Per riflesso condizionato lo saluto e lo ringrazio, ma ciò che penso è che sia andato dal tabaccaio e abbia chiesto di fare una telefonata. Deduco quindi che abbia chiamato Frida, avvisandola tramite il telefono del tabaccaio, oppure da una cabina telefonica. Se non ricordo male, vicino alla questura, vi è un bar che ha all'interno un telefono pubblico, ma è più probabile che abbia chiamato dal tabaccaio, dicendo che gli serviva fare una chiamata per "ragioni di servizio".

Torno a casa, cerco di riposarmi, poi provo a leggere un po', ma la mia attenzione come al solito, non dura più di una manciata di secondi, è danneggiata da anni; vediamo cosa emergerà in relazione a tale problema che mi impedisce di studiare.

Fabri continua a chiamare dicendo di lasciar perdere con Frida e io continuo a rispondere picche, ha iniziato a essere ancora più aggressivo, mi ha colpito con la mano a uncino sul rene destro e quando gli ho urlato addosso, mi ha detto schifato «Ma perché fai così, sega! sei una sega!» con un tono che tentava di essere minaccioso, ma è solo una delle puttane del maresciallo corrotto. Fabri ufficialmente fa il cameriere, ma poi, anche l'agente immobiliare, inoltre rivende integratori e abbigliamento, tutto in nero; ovviamente, tutto con la protezione di Paolo u porco. Se penso che la Polizia Locale ha dato l'autorizzazione per fare il B&B casa Carlotta nonostante il bagno comunicante con la cucina violi le norme edilizie, questa situazione fa capire come tutti sono predisposti a obbedire come cani in questa città.

Ho deciso di chiudere con lo psicologo che mi ha presentato Fabri, il dott. Tullio: gli ho anche detto davanti a Tullio che Fabri mi colpisce al fegato e ai reni e mi ricatta. Fabri ha paura del dott. Tullio e dice che non devo raccontare in giro che mi colpisce al fegato e ai reni. La situazione di abuso è pari a quella da cui sono scappato, ti mettono in condizione di non poterti difendere, poi ti torturano, …il vero volto delle divise italiane e dei loro servi.

È il sei giugno duemila-sette, squilla il telefono personale, (06_06_2007_Isp_fabrizi.mp3).
[Isp. Paolo Fabrizi 00:00] «Buongiorno, la questura, signor [Marco]?»
[M 00:01] «Sì, mi dica»
[Isp. Paolo Fabrizi 00:03] «Sì, sono l'ispettore Fabrizi»
[M 00:04] «Mi dica»
[Isp. Paolo Fabrizi 00:05] «Una, una cortesia, se per la denuncia che lei aveva fatto a febbraio, a gennaio»
[M 00:09] «Sì, sì, sì»
[Isp. Paolo Fabrizi 00:10] «Ecco, niente, abbiamo dei tabulati da farle vedere, quando potrebbe venire lei in questura?»

[M 00:19] «Domani pomeriggio potrei vedere (inteso venire a vedere i tabulati), ma se vuole io le dico l'orario preciso della telefonata»

[Isp. Paolo Fabrizi 00:25] «Vabbè, qui abbiamo tutti i tabulari, per cui se viene qui, dobbiamo fare un verbale. Ecco, se lei ha l'orario preciso, vediamo bene o male»

[M 00:33] «Non so, le due PM andrebbe bene domani?»

[Isp. Paolo Fabrizi 00:36] «Pomeriggio. Verso che ora?»

[M 00:39] «Le quattordici»

[Isp. Paolo Fabrizi 00:41] «Alle quattordici? ascolti lei riesce a stare qui, perché alle quattordici io ho un piccolo impegno, per le quindici, le crea qualche problema?»

[M 00:48] «Eh, se vuole facciamo prima, se no, le tredici»

[Isp. Paolo Fabrizi 00:51] «Va benissimo»

[M 00:52] «Le tredici, tanto devo solo dirle che ora, perché il numero non lo vedevo quando m'han fatto la chiamata, no?»

[Isp. Paolo Fabrizi 00:59] «Però il numero adesso ce l'abbiamo noi con i tabulati»

[M 01:03] «Ah, Ok, va bene. Eh, una cosa, potrei avere una copia per l'avvocato di quei i tabulati?» qualche secondo di silenzio, non capisco se è andata via la linea, continuo a parlare.

[M 01:08] «Scusi, potrei Avere una copia, per l'avvocato, di quei tabulati?»

[Isp. Paolo Fabrizi 01:11] «Cioè, noi non possiamo dargliela, però l'avvocato può richiedere direttamente in procura dove c'è il procedimento penale, poi quando è qui, le darò i

riferimenti e il suo avvocato li richiederà direttamente lì in procura»
[M 01:21] «OK, lei è l'ispettore?»
[Isp. Paolo Fabrizi 01:24] «Fabrizi»
[M 01:25] «Ispettore Fabrizi Paolo, OK, va bene, la ringrazio»
[Isp. Paolo Fabrizi 01:27] «Ci vediamo domani alle tredici»
L'indomani, sono alla divisione anticrimine questura di bergamo e qui spiegherò che devo vedere l'ispettore Capo Paolo Fabrizi. Mi accompagnano verso il suo ufficio e mentre cammino incontro il poliziotto ciccione di nome Marco Gelmini. Questi mi lancia un'occhiataccia, lo ignoro, ma voglio sapere come si chiama.
Entro nell'ufficio di Fabrizi.
Marco «Buongiorno sono Marco [cognome], mi ha chiamato per la questione di un tabulato telefonico»

Isp. Fabrizi «Ah, sì, buongiorno si accomodi»

M «Ok»

Isp. Fabrizi «Mi dia un documento»

M «Ok, va bene la patente»

Isp. Fabrizi «Si»

M «Mentre venivo qui ho incontrato un suo collega che ha tentato di impedirmi di fare denuncia la volta scorsa, può venire con me a identificarlo?»

Isp. Fabrizi «Vedo che lei abita in città alta, vicino alla Marianna, che lavoro fanno i suoi e chi sono?» fa finta di non aver sentito quanto chiestogli.

M «Vivo solo»

Isp. Fabrizi «Ah»

M «Quindi la compagnia Tre (HG3) vi ha dato il tabulato in entrata? a me lo negava, ho provato a chiamare più volte, ma mi hanno detto che lo possono dare solo alle forze dell'ordine.»

Isp. Fabrizi «Eh sì, c'è un ufficio dedicato che lo può dare solo a noi, il suo numero è 340[omissis]**?»

M «No, andava chiesto il tabulato del numero 392[omissis]**, avete chiesto il tabulato del vecchio numero della mia coinquilina che era con me a sporgere la denuncia»

Isp. Fabrizi «Ahahah» continua a ridere in modo tronfio «Eh hehe, succede. Ma lei chi è, perché abita in città alta, chi sono i suoi genitori?»

M «Io non parlo con i miei, faccia finta che sono orfano»

Isp. Fabrizi «Ah, non parla con i suoi»

M «No, non parlo con i miei, mi aiuta a riconoscere il suo collega che ha tentato di impedirmi di sporgere denuncia?» l'Isp. Fabrizi fa finta nuovamente di non sentire

M «Chiederete di nuovo il tabulato?»

Isp. Fabrizi «Non so, dipende se il PM autorizza» continua a ridere divertito «Ma a questo punto non so, la hanno (rif. a me) più infastidita dopo la seconda denuncia?»

M «No, perché qualcuno li ha avvisati.»

Isp. Fabrizi «Ahahah, allora lo scriviamo: Dichiaro che dal giorno in cui ho sporto la seconda denuncia non ho ricevuto telefonate minacciose»

M «Così il PM non chiede più il tabulato»

Isp. Fabrizi «Ah ahahah, allora lo scriviamo, ecco attenda che esce la stampa»

M «Io non voglio che venga scritto»

Isp. Fabrizi «Firmi, sono due copie, una è sua, firmo io» continua a ridere «Ma lei che lavoro fa?»

M «Vendo auto»

Isp. Fabrizi «Ah, e dove ha il concessionario»

M «Ho un ufficio in affitto, nessun concessionario»

Isp. Fabrizi «Ah, e a chi vende»

M «A concessionari fuori bergamo»

Isp. Fabrizi «Guadagna bene per vivere in città alta»

M «Ho provvigioni minime sulle auto sono un intermediario, guadagno poco»

Isp. Fabrizi «Come guadagna poco?»

M «Sono i concessionari che guadagnano molto, quelli con i saloni intendo»

Isp. Fabrizi «Ah, Arrivederci»

M «Arrivederci, grazie»

III

CAMERIERI DELLA MAFIA

> La passione più forte del ventesimo secolo:
> il servilismo.
> (Albert Camus)

Da diversi mesi Steve continua ad invitarmi ad aperitivi con lui, accetto per inerzia, mi presenta anche un suo amico, Roby, il quale fa l'insegnante di musica, basso o chitarra non ho ben capito. Entrambi si associano dicendomi di lasciar perdere la situazione con Frida, Roby mi dice una frase che denota il livello di questa città «Non ti hanno insegnato i tuoi che se calpestano il tuo centimetro quadro ti sposti e vai da un'altra parte?» ride a occhi socchiusi dopo averlo detto. Sono sempre più convinto che in questa città siano tutti così.

È una domenica pomeriggio, mi sono appena svegliato, mi dirigo al solito bar, ci sono quasi tutti quelli del gruppetto del caffè cittadella.
M «Ciao Corry»
Corry «Ciao Marco, cosa ti faccio?»
M «Un cappuccino e poi prendo una brioche» mentre scelgo una delle poche brioches rimaste sento un continuo sottofondo di voci «Dai, dai, dai che è arrivato», ma non comprendo a chi sia riferito, il mio focus è sul cibo.
Corry «Allora, Marco, hai sentito la tua amica Laura?» ride
M «No, non so come fare, non vuole testimoniare, non mi risponde al

telefono e lo sai è in giro a dire che la perseguito per non testimoniare.»

Percepisco dietro le spalle qualcuno, è Steve, mi si avvicina con il corpo piegato in avanti, mi volto alla mia destra e lo vedo.

Steve «Intanto lei…e tu sei qui col maresciallo», mentre parla ha la mano piegata a uncino che muove avanti e indietro, facendo intendere "Nel frattempo lei fa sesso con qualcuno mentre tu sei alle prese con il maresciallo e tutti i relativi abusi di potere"

M «MA VADA CON CHI VUOLE, importante è che testimoni!»

Corry, in dialetto «Ah questo qui! non ha ancora capito come funziona il mondo!»

Si inserisce nella conversazione Mauro, il quale si mette le mani come un megafono attorno alla bocca e dice in dialetto bergamasco «Ti ha detto di no, capiscila»

M «Bene, IMPORTANTE È CHE TESTIMONI!»

Steve «Ma come si fa a rinunciare alla propria dignità per una donna?!»

Mauro «Io oramai Marco lo conosco, si fa prima a metterglielo in culo che a metterglielo in testa»

Si inserisce Silvietta a dar loro supporto «Ma basta, basta, basta!»

M «Ok, allora Stefano, adesso cito te e gli altri come testimoni in tribunale e vediamo che dite»

Steve «No, no, no», mentre lo dice, non mi guarda negli occhi, ha la testa parzialmente abbassata e guarda a destra e a sinistra nel vuoto, evita il mio sguardo

Mauro «Ma perché devi fare così?!»

M «Mauro, cito anche te come testimone, Stefano e anche Corry»

Mauro «Ma perché fai così, lasciala perdere…»

M «Deve testimoniare, e voi dovete smetterla…»

Mauro «Ma perché ti inventi le cose.»

M «Ah sì, mi invento le cose?»

Mauro «Sì, ti inventi le cose»

M «Bene, allora verrai a ripetere le stesse cose in tribunale»

Mauro «Stai attento che io…»

M «Non ti sto dicendo che hai torto, ti sto dicendo: vieni a ripetere le stesse cose che stai dicendo in tribunale, se pensi di avere ragione!»

Mauro «No, no, ma perché devi fare così?»

Corry «Non è ora di smetterla, sei ancora dietro…» in dialetto e facendo

una voce baritonale, dandosi autorevolezza
M «Ovviamente voi non siete qui per fare un favore a Frida per entrare nelle grazie del Maresciallo Porcaro!»
Tutti si zittiscono
Corry «Cappuccio pronto signor Marco»
M «Grazie»
La violenza, anche psicologica, e il tentativo di farmi passare per pazzo, facendomi dubitare dei fatti, stanno passando a un livello più aggressivo, aver registrato lo scherzo telefonico di Frida e complici, mette in dubbio tutto il suo teatrino: grazie alle divise sporche se l'è sempre cavata da ogni imputazione, facendo la parte della vittima. Nonostante tutto, anche se sono solo contro tutti, ho una posizione privilegiata, senza famiglia,

non ho una ragazza, sono poco ricattabile, anche per dei miserabili capaci di attaccarsi a qualsiasi cosa, allo stello livello dei miei ex parenti.

Passa qualche settimana, finita una giornata di lavoro mi incontro con Sam e Miri per due chiacchiere, solito bar, Leonora, la sorella di Frida, è tra le cameriere, si siede con dei suoi amici a chiacchierare, inizia a parlare ad alta voce «Sapete che c'è uno che voleva mia sorella, ma lei gli ha detto no, eh, avete capito? Gli ha detto No, eh» mentre lo dice sembra una di quelle maestre d'asilo che dicono ai bambini «No, eh, non si fa», ha lo stesso tono, per fortuna che lei è quella intelligente della famiglia di Frida, quella uscita con uno dei voti più alti della scuola in

Albania, a Elbasan, altrimenti chissà che avrebbe detto.
Sam vede che sto trasalendo di rabbia, «Sbattitene il cazzo», lo dice rivolgendosi a me
Miri «Dai Marco, lasciala stare, sanno tutti com'è»
Sto zitto, ma vorrei dirle: «Racconta che qualcuno finalmente ha rifiutato il buco di tua sorella e questo non lo riesce ad accettare» Io e i miei due amici continuiamo a goderci la serata.

Anche quest'anno l'estate è finita, un'altra domenica come tante, mi sveglio verso le quindici, sono andato a dormire in mattinata, mi dirigo verso il solito bar, quando arrivo è quasi vuoto, dietro al bancone ci sono: Lella, Corry e Claudio; in sala, accanto al banco c'è Paolino.

M «Ciao Corry, ciao Lella»
Lella «Ciao Marco»
Corry «Signor Marco…»
M «Mi fai un cappuccino per favore, Corry»
Corry «Certo»
Corry «Allora Marco come va con Laura?» ride mentre lo dice
M «Come? Non risponde al telefono e dice che la perseguito»
Lella «Ma perché?»
M «Per la questione di Frida»
Corry rivolto alla moglie «Marco non vuole capire che Laura non è interessata»
Lella «Senti Marco, quando una è interessata, ti chiama, ti cerca, ti scrive…»
Corry «Ma se a lui dici che non è interessata dice che non è vero…»

M «Sì, sì, bene, che venga a testimoniare e poi vediamo…»

Interviene Claudio «Ma tu devi capire che…»

Lella «Senti Marco…»

Li interrompo «Perché non la chiami tu, Corry, e ti fai dire chi le dice di non rispondermi che sono stufo che ogni volta che la vedo, di sentirmi dire "Dato quello che mi dicono di te", fatti dire il nome che lo do all'avvocato e poi vediamo»

Lella e Corry si fissano negli occhi, non sapendo che dire o come a volersi dire: non ci casca, non riusciamo a manipolarlo.

Corry «Va bene, la chiamo, ma poi ci metti una pietra sopra!»

Marco «Chiamala e fatti dire il nome di chi le dice di starmi alla larga e di non rispondermi. Voglio il nome!»

Interviene Paolino «Ti sopravvaluti»
Marco «Ah sì, e perché?»
Paolino «Eh, ti sopravvaluti»
Marco «Ok, ma sentiamo perché?»
Corry «Te l'ho già detto, tu sottovaluti gli altri»
Le frasi fanno intendere che loro sanno qualcosa che mi è sconosciuto, continuo sulla mia posizione «Bene, intanto chiamatela, poi vediamo cosa non so che voi sapete»
Corry «Va bene, in settimana la chiamo, devo pensare a cosa dirle»
M «Chiamala, dato che dici che sono uno dei tuoi migliori amici, chiamala e chiedile il nome di chi mi diffama e poi vediamo»
Lancio uno sguardo a Claudietto, sto zitto, ma vorrei dirgli «La tua fama di morto di figa è nota, inoltre ti ricordo che hai lasciato la tua ragazza con cui

stavi assieme da molti anni, perché volevi metterti con Frida, lei ti ha dato il secondo due di picche e poi ti sei rimesso con la tua ragazza» forse se glielo dicessi capirebbe chi è lui, oppure, forse è troppo tonto. Con la ragazza con cui si rimetterà insieme, avrà dei figli.

Passano una decina di giorni, decido di chiedere al Corry se vi sono aggiornamenti
Marco «Ciao Corry»
Corry «Ciao Marco»
Marco «Hai novità?»
Corry «In che senso?»
Marco «Da Laura, hai chiamato e ti ha detto il nome?»
Corry «Non ho ancora chiamato, devo aspettare che mi venga l'ispirazione, perché non so cosa dirle»

Marco «Sì, ho capito», me ne vado infastidito dopo aver consumato.

I giorni passano, solita vita, nessuna novità, lavoro come un ossessionato, ho quasi l'impressione che, continuare a lavorare finché non crollo, attenui tutti i disagi fisici che avverto.
Sono le quattordici e venti minuti, qualcuno suona in modo molto villano il citofono, so chi è venuto a disturbarmi, è diventato il compito di Fabri, dato che non voglio ritirare la denuncia contro Frida, alzo la cornetta e rispondo «Chi è?»
Fabri «Marco, sono Fabri, dai, aprimi che ti devo parlare»
Marco «Sto lavorando, ho da fare» chiudo il citofono

Fabri suona il citofono di nuovo in modo insistente, vuole salire e minacciarmi come al solito

Premo il pulsante e apro, penso: «ma che palle» poi, attendo, Fabri sale le scale abbastanza velocemente, vivo al primo piano «Marco, Alura? (allora in dialetto)»

Marco «Cosa vuoi Fabri? La denuncia non la ritiro»

Fabri «Sega, sei una Sega» dopo averlo detto si avvicina e mi colpisce al fegato con la mano a uncino

Marco «Che cazzo fai, bastardo» Fabrizio è un body builder, alto un metro e ottantacinque per circa cento chili di peso con una massa grassa al quaranta per cento.

Fabri «Ma perché fai, così?» continua a dare colpi a ripetizione, ma non sortiscono l'effetto che vuole.

Marco «Ti ho detto che mi dà fastidio che lo fai, mi fa venire in mente quando ero adolescente, la denuncia non la ritiro» mi vengono dei flashback degli abusi passati ogni volta che mi colpisce e sento i muscoli che si bloccano.

Fabri «Ma perché fai così?» si mette la mano destra che stava usando per colpirmi davanti al viso come un bavaglio «Non mi ascolti mai, dai che poi io…»

M «Non la ritiro», pensa che con i colpi al fegato e ai reni che non lasciano segni mi avrebbe sottomesso, so cosa ha in mente, è una trappola, se lo aggredisco e lo ferisco va dai carabinieri; se chiamo io i carabinieri mi ritrovo in casa il nemico, stessa cosa per la polizia: incassare e controllare il respiro è tutto quello che devo fare, questo lo mette di fronte al fallimento del suo piano, sono un mucchio di cretini. Fabri andrà come un cane bastonato a riportare il fallimento al maresciallo. Ce lo vedo mentre va a testa bassa a dire imbarazzato che non è riuscito a farmi desistere dalla denuncia, chissà come si era venduto al maresciallo, sicuramente con un «Se glielo dico io, la ritira la denuncia». Così, avrebbe guadagnato un credito con il maresciallo Paolo. Mi rendo conto nuovamente che c'è qualcosa di fisico che non va in me, quando vengo colpito, non ho una reazione automatica immediata, sento che qualcosa si blocca, i muscoli si bloccano, lo dissi alla psicologa da cui andavo, Caterina, gli dissi «Non so cosa mi è successo, da bambino, ma anche da adolescente mi picchiavo spesso con altri ma adesso non riesco più a difendermi come prima, la reazione non è automatica», ma mi rispose con un «No, Marco, non ci credo», non mi credette, se ci ripenso, aggiunse anche «Uno come te, non ci credo».

Passano nove mesi, solita vita, minacce da Fabrizio, non capisce che i colpi al fegato e ai reni non funzionano anche se io non posso reagire e nel frattempo finalmente ho una diagnosi: disordine da stress post traumatico, peraltro facendo delle ricerche, emerge essere di tipo complesso (CPTSD), comprendo che in comorbidità ho l'ADHD. Sono euforico per avere la diagnosi; mi rammarico della mia ignoranza, scambiare il CPTSD per un problema di autostima. Sono fiducioso; penso: aveva ragione la mia ex collega laureanda in psicologia, mi sento un po' sciocco per il tempo investito in libri e ricerche, lo considererò tempo speso per cultura generale.

Mi sto riascoltando alcune chiamate fatte con Fabri, in una gli dico «colpisci i tuoi figli al fegato ed ai reni»
Lui mi risponde «ah, i miei figli» facendo intendere che non lo farebbe mai, ma l'altra registrazione è più interessante. Infatti, avevo pianificato di reagire dandogli qualche ginocchiata sulla gamba destra, per non lasciare segni visibili, il mio telefono privato su cui mi ha chiamato è un Nokia N76. Purtroppo, non mette

i nomi ed i numeri telefonici nelle registrazioni, il file si chiama 05.mp3

Fabri «Marco; ma spiegami perché hai reagito?»

M «Intendi quando mi hai colpito al fegato?», sono tranquillo mentre gli rispondo, questa telefonata era il mio obiettivo.

Fabri «Eh, perché hai reagito?»

M «Quindi non dovrei reagire quando mi colpisci al fegato ed ai reni?»

Fabri «Ma se mi fai incazzare, ma perché fai così? ma se mi fai incazzare»

M «Appena sarà finita col maresciallo Porcaro ne riparliamo»

Fabri «Ma perché fai così, ma perch—»

M «Ciao Fabri» chiudo la chiamata e mi invio una copia del file dal cellullare a mezzo e-mail a me stesso.

IV

INTERFERENZE

> Molto meglio il lupo solitario del cane servile.
> (George Orwell)

> Per costoro i servili l'esistenza a null'altro si riduce che a un mercato, dove la coscienza è posta all'incanto a disposizione di colui che vuol farne acquisto, ed offre il prezzo maggiore.
> (M.S.)

È luglio duemila-sette, una sera, mentre sto per uscire dal caffè cittadella passa Laura con una sua amica, Elena P., mi si mette di fronte, ci fissiamo negli occhi per qualche secondo, poi con la sua amica si spostano, dice ad alta voce che sta lavorando al COIN. É un messaggio, devo passare a trovarla, la settimana dopo sono lì, riesco a parlare un po' con lei, è amichevole, mi dice che si è lasciata col ragazzo e partirà per Roma, deve liberarsi di alcune amiche manipolatrici, lei le definisce «amiche di merda». Le dico che ora al caffè cittadella ci lavora la sua amica Elena P. e mi racconta che assieme frequentavano il liceo linguistico. Mi fa delle domande su Elena e non vuole parlare della questione Frida e corrotti in divisa. La saluto, non sono riuscito a convincerla a prendere un caffè con me, sa che il motivo della richiesta è quello di farle esporre e di parlare delle mie persecuzioni, quelle che subisco.

È agosto, passo al caffè cittadella una sera, Corry mi dice che Laura è in vacanza e tornerà a lavorare lì prima di partire per Roma. Secondo lui ha conosciuto un romano in vacanza e per costui parte per Roma. Ignoro il tentativo di manipolazione; Gli dico che, quando ero passato al COIN, prima che Laura partisse in vacanza, mi aveva detto che sarebbe partita per Roma nel tentativo di liberarsi di alcune amiche di merda, come le chiama lei. Mentre glielo dico, lo fisso, non capisco se Corry mi sta remando contro oppure è terzo rispetto alla situazione e quindi ne parla come un fatto di cronaca da un punto di vista diverso dal mio. Non comprendo se abbia un interesse a che Laura non testimoni, in fin dei conti Frida e Leonora lavoravano con lui nel Bar.

Circa dieci giorni dopo quella conversazione col Corry, Laura torna a lavorare al caffè cittadella, non riesco mai a parlarci. Ci sono sempre interferenze e tra qualche giorno parte per Roma. É questione di sguardi, mi vuole forse parlare, ha rimandato il viaggio di alcuni giorni perché deve togliere i punti dal polpastrello dell'indice poiché si è tagliata al bar con un coltello. Domenica è l'ultimo giorno in cui lavora al caffè cittadella, poi parte per Roma, sono preoccupato per la mia insonnia, la domenica mi addormento la mattina e mi sveglio il pomeriggio.

Arriva settembre duemila-sette, è l'ultima domenica in cui Laura è qui prima di partire. Ho dormito sul tavolo della sala e ho usato una coperta come materasso. Mi sono addormentato dopo le sei del mattino, ma devo vedere Laura, devo riallacciare i rapporti, oggi è l'ultimo giorno prima che parta per Roma e devo essere diplomatico, devo far sì che mi risponda al telefono quando non sarà più a bergamo.

Arrivo con il volto assonnato al caffè Cittadella, vedo Laura, prendo un cappuccio e la invito a sedersi a un tavolo dove non vi era nessuno, non appena ci sediamo al piccolo tavolo rotondo l'una di fronte all'altro. Senza proferire parole prende una sedia Maria Aldea, una ragazza spagnola amica di Marta e si siede al tavolo con noi, è alla mia sinistra, con la schiena verso colle aperto continua a fissarci in qualità di elemento di disturbo: vuole impedire la conversazione tra me e Laura

Mentre accade questo, Marta è a qualche metro di distanza alle spalle di

Maria, il suo sguardo è fisso in direzione del tavolo con un'espressione che è un misto di soddisfazione e disprezzo. Tale situazione mi dimostra il profondo grado di omertà presente.

Sto uscendo di casa a fare due passi, incontro Sara del B&B casa Carlotta, ci stiamo dirigendo entrambi verso colle aperto e mi chiede, come va?
M «Ok, tutto al solito, tu?»
Sara «Un po' preoccupata per queste cose» ha in mano un blocco di ricevute
M «In che senso?»
Sara «Eh, oramai è un anno che ho aperto e sono in giro con queste ricevute»
M «Nel senso che non le dichiari?»

Sara «Eh, sì, le do così al cliente, adesso devo vedere cosa fare»
M «Ah, ok» la saluto e penso che, se fosse capitato a me, avrei avuto subito la finanza alle calcagna.

Il tempo passa, solita vita, minacce da Fabrizio, nonostante questo si è raddolcito, per ora, non mi colpisce più, ha capito che i colpi al fegato e ai reni non funzionano anche se io non posso reagire, ha provato varie tecniche, ma le conoscevo tutte, soprattutto quella di mettersi alle spalle e dare continui colpi ai reni e chiedere «Un favore» oppure «Ascoltalo il Fabrizio» (intendendo il ritirare la denuncia), ogni volta che mi volto, dopo che ho preso i colpa ripetizione, per spingerlo via, ha sempre gli occhi timorosi, proprio come il V, occhi che dicono quasi disperati: "ma perché non funziona? Perché? Glielo ho fatto centinaia di volte, perché non cede?". Immagino che qualche pezzo di merda in divisa di cui so il nome gli abbia spiegato che è in quel modo che ottengono le confessioni: o dici quello che voglio e lo firmi o ricevi colpi al fegato, pancreas e reni, non si può fallire con quel metodo, probabilmente se lo facessero a lui, supplicherebbe e farebbe qualsiasi cosa gli venga chiesta.

Ho appena preso un cappuccino al caffè cittadella, esco dalla porta del bar, arriva verso di me di corsa Fabrizio, stava lavorando, è con il grembiule da cameriere.

Fabrizio «Marco, c'è tuo papà in Marianna (una pasticceria) con dei marocchini e con una tua foto che ti cerca»

Sgrano gli occhi ed esclamo «Porca troia», mi dirigo verso l'auto e mi allontano da bergamo poiché devo evitare a ogni modo che vi sia interazione tra il V e i carabinieri. Non penso che avvenga, ma non saprei come fare in caso di accordi tra loro, so che farei una brutta fine; Stavolta Fabri è stato utilissimo data la situazione. Quel bastardo del V mi vorrebbe tra le grinfie, idiota lui e i suoi complici, capisco comunque la sua mentalità, quella di un negriero che cerca lo schiavo fuggito dai campi di cotone, credendo sia una sua proprietà, maledico che in questo stato non sia stato ancora istituito il divorzio dai genitori.

Il V è orgoglioso di essersi convertito all'islam radicale con il nome di Omar per potersi sposare Noura, amante di quel tipo di mentalità patriarcale. Ho perso conto delle volte che abbiamo avuto una conversazione che, come un disco in loop, si ripeteva tra me e lui, dopo il suo matrimonio in Marocco

V «In Marocco non gli rispondono al padre come tu fai con me»

M «Trasferisciti in Marocco»

V «Ma perché fai così, ascoltalo tuo padre, in Marocco poi gli portano lo stipendio al padre, come fanno i fratelli di Noura, come dovresti fare tu con tuo padre»

M «Ti risulta che in Marocco il padre di Noura colpisca al fegato ed ai reni i suoi figli?»

V «Sì, ma com'è giusto, como che tu non sei uomo come tuo padre...»

M «Ma vai a fare in culo, te li do io un po' di colpi al fegato ed ai reni e poi vediamo»

V «Non ti permettere stupido pezz'e merda, ti taglio a faccia, non ti permettere como che non sei uomo come tuo padre»

M «No, non sono un pezzo di merda come te»

V «Io ho detto uomo»

M «Quando uno ti colpisce al fegato ed ai reni senza che tu non possa reagire (lo) si chiama pezzo di Merda»

V «Non è como dici tu, tu non lo sai como che non sei uomo come tuo padre»

M «Va bene, lasciami stare, che appena me ne riesco ad andare non mi vedi più»

V «No, io non voglio che te ne vai, tu ti devi fare sfruttare da tuo padre, così poi ti dice che sei uomo»

M «Sì, sì, vedremo, non mi fotterai i soldi, riuscirò ad andarmene»

V «Ma perché fai così, ascoltalo tuo padre»

Particolare il fatto che Fabrizio sia venuto in mio aiuto avvisandomi, conosco la dinamica: se torno tra le grinfie del V, alias Mullah Omar, potrei non essere tra quelle di Fabri e quindi lo stesso non potrebbe essere il gregario preferito del Maresciallo che mi sorveglia. Data la situazione è meglio che sia sotto al loro controllo e non di terzi fuori zona; Chissà se Fabrizio ha pensato ad un'eventuale possibilità di interazione tra V ed i Carabinieri, credo non la pensi produttiva. Devo sfruttare la situazione a mio vantaggio.

V

APOLOGIA DI BERGAMASCA OMERTÀ

> Tra un popolo generalmente corrotto, la libertà non può esistere a lungo" (Edmund Burke)

È fine ottobre duemila-sette, Laura come sempre non risponde né alle chiamate né ai messaggi. Lei mi accennò qualcosa sul lavoro della madre, questa fa la receptionist in una palestra e mettendo insieme le informazioni di Corry e Marta, iscritti in quella struttura, riesco ad avere un indirizzo. La madre di Laura si chiama Fulvia, decido di andare a parlarle, spero che sia più collaborativa della figlia. Mi presento, cerco di essere evasivo, ma concludo poco e decido di tornare dopo un paio di settimane per affrontare di petto la questione giudiziaria.

Fulvia «Ma senti, se mi figlia non ti fila, lasciala perdere»

M «Signora, il problema non è che Laura non esce con me, il problema è che non deve farmi fare figure in giro»

Fulvia «No, ma che figure…»

M «Intendo la diffamazione…deve testimoniare»

Fulvia «No, le ho detto che deve starne fuori»

M «Non può dire che la perseguito e non rispondere per non testimoniare»

Fulvia «No, no, ti ha detto di no»

M «Deve testimoniare»

Fulvia «Ti, ha detto di No, (alza la voce), LAURA NON È

INTERESSATA, LASCIALA STARE, MA NON HAI ANCORA CAPITO COME FUNZIONA? MA QUANTI ANNI HAI?!»

M «Bene, arrivederci»

Comprendendo che la questione della testimonianza di Laura veniva elusa deviando l'attenzione come se il motivo della visita fosse una questione sentimentale, me ne vado senza continuare oltre ed insistere. Inoltre, per la seconda volta mi reco a parlare con la signora Fulvia senza risultato.

Un giorno come tanti, entro nel bar come al solito, al bancone c'è Marta.

M «Ciao Marta»

Marta «Ciao Marco»

M «Mi fai un cappuccino per favore»
Marta «Certo»
M «Esco intanto fuori a fumare una sigaretta, fai con calma»
Marta «Aspetta allora, vengo anch'io»
M «Ok»
Stiamo fumando entrambi, guardandoci in faccia a un metro di distanza. Lei ha le spalle verso l'interno del locale, io verso la strada, largo colle aperto.
Marta «Ah, ma Laura, ti ricordi che è partita per Roma?»
M «Lo so benissimo Marta, Laura ha fatto finta che andava via inventandosi che il ragazzo l'aveva tradita, ma il vero motivo è che doveva liberarsi di alcune amiche, secondo me doveva agire in altro modo»
Marta «Sì, se n'è andata per liberarsi dalle amiche di merda, ma convinta

com'è non tornerà più, poi anche per i suoi...»

M «Io ho parlato con la madre Fulvia, quella che lavora dove tu e Corrado (Corry) andate in palestra e so che con lei ci va d'accordo»

Marta «Sì, ma è per il padre»

M «Non lo so come va con il padre»

Marta «Comunque convinta com'è non torna più»

M «Anche da Roma la chiamano a testimoniare»

Si chiude la conversazione, sono un po' innervosito, forse scocciato, ma mi rendo conto di avere un'espressione apatica.

Al caffè cittadella ci passa spesso anche un professore universitario, è un appassionato d'arte, io non ci capisco nulla, è molto simpatico, è in rapporti di amicizia con Sam e io faccio sempre il simpatico, ma il prof una volta mi spiazza dicendo, «Ma questo qui, sembra uno che ne ha passate tante e che tutto gli scivola addosso!», mi fissa negli occhi, la cosa non mi fa piacere, mi piace pensare che tutti quelli che ho attorno si credano i più furbi, soprattutto in questa città dove ho in corso questa situazione con Frida e complici.

In questo periodo sono costantemente preoccupato per la mia contabilità aziendale, desidero avere un fido dalla banca per guadagnare di più e staccarmi dai miei attuali fornitori, è un chiodo fisso oramai, oltre alla salute.
È fine autunno, un venerdì sera, smetto di stare al computer, prenderò un drink al caffè cittadella, il meteo non è

dei migliori, incontro Paolino che lavora quella sera come cameriere e non essendoci molta gente si siede al tavolo con me a sorseggiare una grappa scura. Iniziamo a fare due chiacchiere.

Paolino «Allora come va?»

M «Come al solito, sempre perseguitato»

Paolino «Ah sì, come sta andando quella cosa lì?!»

M «Continue minacce, i carabinieri che mi seguono appena esco da casa, ma non hanno capito che non ritirerò mai la denuncia»

Paolino «Guarda che tu…» piega la testa in avanti e abbassa la voce guardandosi attorno

M «Io cosa?»

Paolino «Quello che hai avuto il coraggio di fare tu, non ha mai avuto il coraggio di farlo nessuno…»

Paolino «Non ho capito, che cosa avrei fatto che nessuno ha voluto fare?»

Paolino «Frida, nessuno ha mai avuto il coraggio di denunciarla, perché lei…il Maresciallo, lei col Maresciallo…hai capito»

M «Sì, sì ho capito, ma tanto vi cito tutti come testimoni, vedremo poi che succede in tribunale»

Paolino «No, no, tenetemi fuori da queste cose»

M «No, io cito anche te come persona informata e ti devi presentare»

Paolino si innervosisce e si alza in piedi dal tavolo «Stai attento che io…»

M «Cosa fai?!» lo dico in modo provocatorio «Vai anche tu dal maresciallo…» (inteso come chiedi

aiuto al maresciallo) «…perché gli ho denunciato Frida?»
Paolino «Bravo, hai capito, ci sei arrivato!» e sorride guardandosi il pugno che ha sollevato in alto qualche centimetro sopra la testa.

È un pomeriggio in cui sono un po' libero, Steve mi ha chiamato chiedendomi di raggiungerlo al caffè cittadella, accetto, dopo di che mi invita a fare due passi in città alta, mi fa notare che Miri si è fidanzato con Michela, una delle ragazze che faceva la cameriera d'estate al bar, gli dico che lo so bene.
Steve «Hai visto, ha lasciato il ragazzo e si è messa con Miri»
M «Sì, Steve»
Steve «Vedi che quando una ti vuole…»

M «Nessuno li ha sabotati come avete fatto voi con me e Laura, Miri non ha denunciato l'amica del maresciallo»
Steve «Ma ti vai a impegolare contro il Maresciallo!»
Non gli rispondo, sto in silenzio, continuiamo a camminare.

Aprile duemila-otto, vado con Steve, Marta ed altri al bar Botticelli, dove lavora Marcello Lee, a fare un aperitivo e mentre sono seduto sento un «Marco, Marco»
Steve «Marco, ti sta chiamando Elena»
M «Chi?»
Steve «Elena, l'amica di Laura, voltati»
M «Ciao» mi dirigo verso di lei
Elena P «Ciao, domani parto per Creta a fare l'animatrice, sto via sei mesi, non ci vedremo per un po'»

Gli faccio delle battute e la saluto, torno al tavolo con gli altri.

Mentre sono seduto a fare l'aperitivo Elena passa al tavolo e mi fa una carezza sulla spalla destra, Yvonne, la fidanzata di Roby, fa delle allusioni relative a questo gesto e io penso: "forse ho qualcuno dalla mia parte"; Marta lancia un'occhiataccia verso Elena P., questa non sembra accorgersene, mi chiedo se lo ha fatto per antipatia nei confronti di questa oppure perché non vuole che io riallacci i rapporti con Laura e quindi vuole mostrarsi serva di Frida e dei suoi amici. Dopo che Elena si allontana dal tavolo, come sempre, salta fuori l'argomento Frida, tutti incalzano che devo lasciar perdere, mi chiedo se mi abbiano invitato a quell'aperitivo con quel fine.

La situazione è peggiorata, sono assediato, Fabrizio è tornato ad essere persecutorio, i carabinieri che mi seguono e nel frattempo Laura è a Roma. Comunque, una bergamasca come Laura a Roma, è difficile si ambienti, è una città internazionale e lei ha la mentalità chiusa di provincia. Sicuramente tornerà, ma non posso aspettare, devo cercare di andare a Roma. Una delle cose che mi rode di più è che è riuscita ad aiutarli a bloccarmi in un limbo. Io stavo lavorando come un folle e mi curavo per recuperare ciò che mi hanno tolto dalla vita. Sembra quasi che mi voglia mandare un messaggio dicendomi: vedi io vivo la mia vita ed ho bloccato la tua e ti sono indispensabile.

Sono al caffè cittadella, è il nove o dieci maggio duemila-otto, incontro Silvietta.
Silvietta «Ciao Marco»
M «Ehi, ciao Silvietta»
Silvietta «Marco, senti ho un problema al computer, puoi dargli un'occhiata, te lo porto questo week end»
Siamo entrambi in piedi davanti al caffè cittadella con le spalle all'ingresso, Silvia è alla mia destra.
M «Domani, o la settimana prossima, questo weekend non posso»
Silvietta «Perché cosa devi fare questo weekend»
M «Devo andare via a sistemare una cosa»
Silvietta «Dove devi andare?»
M «A Roma»

Silvietta «A Roma? A fare?» capisce il motivo «Ma basta, basta, basta, non c'è stato niente fra di voi! Perché vai a Roma? Lascia stare!»

M «Uno, non c'è stato nulla perché vi siete messi di mezzo per fare un favore a Frida e al Maresciallo…»

Silvietta mi interrompe «Ma non, non è vero, ma basta»

M «Non è vero?»

Silvietta «No»

M «Allora ti cito in tribunale, vieni a testimoniare e ripeti quello che hai appena detto»

Silvietta «No, dai, scusa»

M «Anzi, giurami sulla vita delle tue sorelline, le gemelle, che non c'è stato nulla, che non vi siete messi di mezzo per fare un favore a Frida»

Silvietta «No, dai scusa»

M «Non ti scusare, giuramelo sulla vita delle tue sorelle, che per te sono come delle figlie, giurami che non vi siete messi di mezzo per entrare nelle grazie di Frida e del Maresciallo»

Silvietta «No, dai scusa, scusa, scusa»

M «Ecco, appunto; Secondo, stavo dicendo: non vado lì per quello, ma perché (Laura) deve testimoniare, non ho voglia di denunciarla e trovarmela contro in tribunale»

Silvietta «Sarebbe una cosa triste»

M «Indipendentemente da quello, già mi diffama, se poi la denuncio, chissà cosa va a dire…»

Silvietta «È vero» ride «Ma lo sai che io e Laura ci conosciamo da quando siamo piccole?»

M «No, non lo sapevo, in che senso?»

Silvietta «Abitavamo sullo stesso pianerottolo»

M «Ad Alzano» (Alzano Lombardo, ndr)

Silvietta «No, io abitavo ad Azzano (Azzano S. Paolo, ndr), poi ci siamo trasferiti»

M «Non lo sapevo, quindi vi conoscete da quando eravate bambine?»

Silvietta «Si»

M «Bene, allora perché non la chiami e le dici che deve testimoniare e smettere di diffamarmi, inoltre fai un favore anche a lei dato che Frida la sta manipolando perché vuole che testimoni il falso»

Silvietta non dice nulla, sta in silenzio

M «Quindi devo riuscire a vederla io e a parlarle?»

Silvietta «Ma, non ti conviene lasciar perdere, lascia perdere Frida è troppo ammanicata con la questura» e volta il viso verso destra in direzione opposta a me, alzandolo verso l'alto con gli occhi che mi guardano mantenendo il contatto visivo.

M «Non ci penso nemmeno»

Avrei dovuto registrarla, ma posso fare in altro modo, invierò una e-mail piagnucolosa e lei mi risponderà sicuramente, quindi sarà una prova, soprattutto perché sono sicuro che lei la mostrerà ad altri per far capire che è dalla loro parte. Dovrebbero tutti ballare assieme l'Hip Hop dell'omertà.

Arrivo a Roma, è l'undici maggio duemila-otto, Festa della Mamma, una delle tante feste che per me sono sempre state irrilevanti. Arrivo nel negozio dove lavora Laura, ma lei non c'è e penso che Silvietta la abbia avvisata. Invece, verrò a sapere dopo che è stata avvisata da Marta del mio arrivo, andata buca. Peccato, tornerò a bergamo, non so come uscire da questo circolo vizioso di angherie, la testimonianza di Laura sarebbe fondamentale, solo contro tutti e vessato da coloro che dovrebbero garantire ordine e giustizia. Frida è dal duemilasei che va in giro a vantarsi di avermi «fatto dare quattro schiaffi e che la volta prossima potrebbe andare peggio», tutti bravi a fare i mafiosi se gli altri non possono difendersi.

VI

LA MERCEDES DEI CUGINI

> La servitù, in molti casi, non è una violenza dei padroni, ma una tentazione dei servi.
> (Indro Montanelli)

È il duemila-otto, da un anno Miri è stato assunto al "caffè cittadella", non credo sia un caso, mentre stiamo facendo due passi in città alta, mi mette in guardia.
Miri «Marco, fai attenzione»
M «Perché?»
Miri «Se per la tua denuncia succede qualcosa al permesso di soggiorno di Edo, arrivano i suoi cugini che vivono a Milano e non parlo di denunce; Hanno la nostra età, Sono in giro con

una Mercedes e non lavorano...hai capito?»

M «Ok, grazie della info Miri»

Passano dieci giorni da quella conversazione, sono in uno dei tavoli esterni del Caffè cittadella, arriva una Mercedes Berlina grigia, scendono Edo e due tizi che non conosco, devono essere i cugini, si mettono seduti di fronte a me a un tavolo, l'auto è parcheggiata a ore dieci, a ore undici e dodici vi sono i cugini e Edo a ore uno, mi fissano e ridono. I cugini hanno le gambe allungate nella mia direzione, Edo continua a parlare nell'orecchio sinistro del cugino poi mi guardano e ridono. La Mercedes non è una classe E270, è una cilindrata inferiore, li fotografo, l'auto inoltre non sembra poi così nuova, la targa inizia per C, quindi antecedente al duemilacinque.

Si tratta di servile manovalanza che si atteggia a boss; peraltro, i boss difesi dalle divise corrotte. Il fatto che siano arrivati in modo così repentino mi fa capire che stavano aspettando da un po' che arrivassi al bar, quindi erano appostati da qualche parte. Inoltre, il fatto che i vigili non arrivino a fargli la multa per l'auto in divieto, mi fa ipotizzare sia possibile che qualcuno con la divisa abbia chiesto loro di venire a fare questa azione intimidatoria e magari è questo qualcuno che gli ha scritto del mio arrivo al bar. Loro erano nelle vicinanze ad attendere il messaggio o la chiamata per muoversi. Se questi cretini sapessero di un furgone, Mercedes Sprinter blu, con il doppiofondo nel tetto, intestato a un prestanome marocchino, che trasportava ogni settimana chilogrammi e armi che loro non vedono nemmeno in un anno o in tutta la vita, forse, capirebbero che sono meno della spazzatura, ma io sono scappato da quell'ambiente. Chissà se questi due si rendono conto di essere gli schiavi che si sentono realizzati a fare gli zerbini della mafia.

Mi informerò sulle attività dei cugini di Edo. Le informazioni che riceverò sono spaccio di cocaina, cosa che presumevo, ma anche qualche ragazza a lavorare sulla strada. Chi mi dà informazioni mi spiega che in Albania quanti sfruttano il lavoro più antico del mondo non sono sempre visti con disprezzo. Quindi, quando gli albanesi che vivono di crimine, tornano anche solo in vacanza nella loro terra, raccontano senza problemi ad amici e conoscenti le fonti di reddito.

Passano un paio di mesi, Sam mi viene a dire che Eduard a causa della denuncia, vuole tornare in Albania, ma poi resta in Italia… quanto è merdaccia, prima mi fa sapere che gli è morta la madre a quattordici anni, poi mi minaccia con i cugini e, fallite le minacce, dice che se ne torna in Albania. Ho saputo che Arber è andato a lavorare al ristorante da Franco, dove lavora Eduard, quest'ultimo presentò anni orsono Frida a uno dei proprietari dell'attività dove lavora, un certo Massimo; Frida va a prendere il caffè con la moglie di Massimo, la situazione è particolare, appare che a Massimo piacciano le Frida girls.

VII

GIULLARI E DOPPIOGIOCHISTI

> Omertà è girarsi dall'altra parte per paura o per convenienza personale. Non riguarda solo i reati.
> (Sempreciro, Twitter)

> La cosa peggiore che una persona possa fare è ignorare o coprire un problema. (Masaaki Imai)

Vengo a sapere che Laura è tornata a bergamo, lavora di nuovo ad alla Levi's di Oriocenter, è sempre stata una paracula, la società licenziataria di Nike e Levi's è la stessa in tutta Italia. Riesco ad incontrarla e fa anche l'incazzata, la conversazione è breve.
Laura «Devi smetterla di scrivermi, quando mi scrivi sono con persone e

mi chiedono "chi è, che cosa vuole?" E io non so come giustificarmi»
M «Io sono assediato e mi serve che quando ti chiamo mi rispondi, o troviamo dei punti di incontro o devo andare a parlare con Michele (il suo ragazzo quando la conobbi)»
Laura «E che cosa gli dici?»
M «La verità»
Laura «Io ti denuncio»
M «Va bene, denunciami, per cosa mi denunci?»
Laura «Ma è un'esagerazione»
Me ne vado, probabilmente quando Laura o i suoi amici leggeranno queste righe faranno uno dei commenti che io definisco i pilastri della pusillanimità «Madonna me, ma sei ancora lì, ma quanto tempo è passato» e poi sorrideranno come se avessero detto qualcosa di raffinatamente

intelligente, dandosi approvazione l'un l'altro.

Non riesco a trovare un accordo con Laura, devo cercare di parlare con il suo fidanzato o ex, non si capisce, si lasciano e si rimettono insieme, vediamo se parlando con lui riesco a farla ragionare, quando la conobbi mi disse che Michele lavorava nel bar delle piscine; vado in questo locale, al banco c'è una ragazza carina, nessun ragazzo, non lo trovo, non posso impiegare risorse per cercarlo, li sento troppo sul collo e li vedo con i loro continui atti di prepotenza, quindi priorità a cercare di parlare con Michele; decido di scrivergli in Facebook, in chat pubblica, gli faccio un'allusione sulle ragazze che spariscono, lasciandoti nei guai dopo aver screditato persone e voglio capire se lui sa qualcosa della situazione.

Michele R «Chiariamo subito che non stai parlando di laura» poi aggiunge «Perché è una delle quattro persone di cui non si può parlare male con me senza che diventi tremendamente violento»

Dico che non sto parlando di lei, ma sa benissimo che non è così, vediamo dove vuole arrivare, continua a scrivere in chat pubblica «Perfetto allora posso dirti che la ragazza in questione come tutte quelle che parlano alle spalle è meglio perderla che trovarla… tu lascia perdere, sii superiore che è una cosa che le fa impazzire e rivolgiti altrove. bergamo è un figaio vedrai che ne trovi una che cala le braghe anche senza essere sola con te nel bagno di casa tua».

Non proseguo, è inutile parlare con questo, terrò presente che, quando si parla di questioni giudiziarie a bergamo si risponde: "bergamo è un figaio…", ecc. Michele creerà un account Facebook dal nome Marco Mistero inviandomi richiesta d'amicizia, poi lo rinominerà in Byron Manzuli, gli scriverò in questo account dandogli del giullare e nonostante questo, non mi vorrà mai incontrare di persona… rispecchia l'essere bergamasco.

Entro nel caffè cittadella, è un pomeriggio di ottobre duemila otto.
M «Ciao Marta, devo parlarti, usciamo un attimo fuori»
Marta «Va bene»

M «Marta, ho un problema, nonostante Laura è tornata a bergamo la situazione è la stessa, non mi risponde al telefono e ogni volta che la vedo, continua a dirmi: "dato quello che mi dicono di te"»

Marta «Io non so niente»

M «Ok, allora non voglio più essere invitato a compleanni o aperitivi o feste finché non salta fuori chi mi diffama»

Marta «Vuoi che la chiami qui davanti a te e ti faccio dire che io non gli dico nulla?»

M «Chiamala e fatti dire il nome di chi mi diffama che mi serve, dato che siamo amici, chiedile il nome di chi mi diffama e dimmelo»

Marta alza la voce «IO VADO DAL MARESCIALLO, TU GLI HAI

DENUNCIATO FRIDA E …», non finisce la frase

M «Vai da chi vuoi, ho denunciato Frida, troverò il modo di denunciarlo anche se me lo impediscono»

Marta non risponde e mi fissa, la fisso anch'io, qualche secondo di silenzio.

M «Ciao Marta», me ne vado verso casa.

Tutte queste situazioni le sto subendo perché sono tutti a voler servire Frida perché sono le divise rosse a essere la sua [omissis]. Mi sono accorto del doppiogiochismo di Marta da alcuni atteggiamenti, non mi aspettavo questa situazione, Marta mi ha incluso nel suo giro di amici, ma non vuole che io e Laura interagiamo, anche lei è un cane di Frida e dei suoi amici per quel che mi riguarda.

INDICE

LA TELA DELLE TRE SORELLE

I	La tela delle tre sorelle	7
II	Questurini bergamaschi	33
III	Camerieri della mafia	47
IV	Interferenze	65
V	Apologia di bergamasca omertà	77
VI	La Mercedes dei cugini	95
VII	Giullari e doppiogiochisti	101

www.ingramcontent.com/pod-product-compliance
Lightning Source LLC
LaVergne TN
LVHW051655080426
835511LV00017B/2583